LA RÉPUBLIQUE

COMPROMISE

PAR LES RÉPUBLICAINS

PAR

Un Caporal-Fourrier de la garde nationale

Prix : 50 Centimes

EN VENTE CHEZ TOUS LES LIBRAIRES

LYON

Imprimerie A. Tournier rue de l'Annonciade, 2

—

Février 1871

LA
RÉPUBLIQUE

COMPROMISE PAR LES RÉPUBLICAINS

———

14 février 1871.

L'on n'est jamais trahi que par les siens. J'ai bien peur que la jeune République de 1870 n'en fasse la triste expérience.

Après le 4 septembre, la France entière était républicaine ; à Lyon, on n'eût pas trouvé le dixième de la population qui, sincèrement, n'approuvât pas l'avènement de la République. Les scandales et les hontes du régime déchu avaient largement contribué à dégoûter le peuple du régime monarchique ; bref, tout le monde voyait arriver la République sinon avec plaisir, du moins avec une résignation satisfaite.

Depuis lors, combien ont fait défection ? Les élections viennent de nous le montrer. Est-ce à dire qu'il y ait eu, dans cette évolution, un revirement capricieux de l'opinion publique ? Non. Ce revirement est-il convaincu et définitif ? Non. La manière dont les choses se sont passées a éloigné beaucoup de gens ; mais, qu'on applique à la situation le remède qu'elle exige, et les adhérents à la forme républicaine reviendront avec empressement et bonheur.

Examinons les actes qui se sont produits depuis le 4 septembre. Nous ne sortirons guère de Lyon ; on ne s'y est pas plus mal comporté qu'ailleurs, et pourtant nous y trouverons, plus qu'il n'en faut, des éléments pour notre démonstration. Nous ne choisirons que quelques faits entre un grand nombre ; ils nous suffiront à établir que ceux-là, seuls, qui étaient appelés à faire chérir et respecter la République, sont responsables du refroidissement qui s'est opéré à son égard.

D'abord, pourquoi cette obstination à maintenir sur l'Hôtel-de-Ville ce drapeau rouge adopté, il est vrai, par d'autres cités, dès les premiers jours, mais abandonné par elles aussitôt que le choix du reste de la France se fut manifesté pour le drapeau tricolore?

Lyon ne pouvait avoir la prétention, demeuré seul, de ramener toute la nation à sa couleur préférée. Pourquoi donc l'administration s'est-elle refusée à satisfaire l'opinion des départements voisins ou éloignés et même celle de la majorité des Lyonnais?

On a voulu caresser un parti peu nombreux mais turbulent. Ce parti, victorieux sur ce point, s'est imaginé, comme font les enfants auxquels on cède, qu'on avait peur de lui et que cette crainte, seule, empêchait l'enlèvement du susdit drapeau.

Cette concession ayant enhardi les ultra, plusieurs tentatives insurrectionnelles se produisirent sous différents prétextes, mais elles furent facilement refoulées par la partie saine, qui est de beaucoup la plus nombreuse, de la garde nationale.

Ces agitations stériles n'avaient rien de dangereux ; mais elles étaient une cause d'inquiétude permanente pour la population, et, de l'inquiétude au mécontentement contre ceux qui en étaient la cause inerte, il n'y eût qu'un pas. Ce fut la première étape dans la retraite des amis de la République.

Pour nous, et par nous, j'entends la partie virile de la population, celle dont la volonté se fut fait respecter si elle eût voulu la manifester sévèrement, pour nous, disons-nous, qui, voyant les choses de près, n'attachions qu'une importance bien secondaire à la couleur d'un chiffon flottant sur le donjon de l'Hôtel-de-Ville, le mal n'en était pas un. Mais, pour les départements voisins et pour ceux éloignés surtout, la question était tout autre. A tort ou à raison, au point de vue de l'histoire, le drapeau rouge évoque des souvenirs lugubres. Les populations voyaient dans son maintien et dans les prétentions qu'affichaient nos édiles de s'ériger et d'agir en Commune, la perspective du renouvellement en 1870, des faits dont fut témoin le drapeau rouge lors de la première révolution. Que ne disait-on pas de l'état de Lyon ! Il était à feu et à sang ; la guillotine y était en permanence. Songez donc, le drapeau rouge flottait sur l'Hôtel-de-Ville ! Cette opinion que nous traçons des départements, même peu éloignés, n'est pas de fantaisie. Ceux qui ont voyagé à cette époque ont pu s'en convaincre.

Eh bien ! sans que l'on paraisse s'en douter, cette misérable question de chiffon rouge ou tricolore a éloigné de Lyon beaucoup de sympathies. Lyon, qui devrait être un lieu de concentration de toutes les forces du Midi, n'a vu qu'à grand'peine et bien tard, les légions méridionales venir se rallier et s'organiser sous la direction de nos autorités. Encore une fois, le maintien de ce drapeau n'était-il pas une maladresse ? Un peu plus tard, à propos du meurtre de l'infortuné commandant Arnaud dont le drapeau rouge guidait les assassins, une partie de la garde nationale adressa une pétition au préfet, M. Challemel-Lacour, l'engageant à profiter de la circonstance pour revenir, lui et la Commune, sans paraître céder, sur leurs idées au sujet de la couleur du drapeau. Ce drapeau, disait on dans la pétition, a été souillé en flottant au-devant des misérables qui ont conduit le commandant Arnaud au supplice, profitez de la circonstance pour le faire disparaître ; la garde nationale et le pays sont avec vous, etc., etc.

Cette pétition n'obtint rien. D'où un ressentiment assez vif contre ceux qui tenaient si peu compte d'une demande formulée avec douceur, alors que ses auteurs eussent pu l'imposer hardiment.

En outre, comme cet assassinat avait soulevé l'indignation générale, comme tous les bataillons de la garde nationale protestaient, à l'envi, contre toute participation même morale à cet acte infâme, l'administration promit et afficha que prompte et éclatante justice serait faite.

Voilà de cela deux mois, et l'affaire semble s'évanouir.

Dans le rappel de ces faits, pas plus que dans le rappel des devoirs à remplir par ceux à qui ils incombent, il n'y a pas, qu'on le sache bien, la moindre idée de vengeance ou de représailles. L'exécution de quelque gredins ne fera pas revivre Arnaud ni se calmer les douloureux regrets de sa famille. D'ailleurs, aujourd'hui, les répressions n'auront plus le caractère que leur aurait imprimé la promptitude des poursuites. Le crime avait été soudain, imprévu, terrifiant, il fallait un châtiment exemplaire et immédiat.

On eût ainsi rassuré les honnêtes gens et fait trembler la canaille. C'est ce qu'une administration bien intentionnée eût compris.

Comment, une poignée de misérables s'arroge le droit de se constituer en tribunal, de juger un brave et loyal citoyen dont tout le crime est d'avoir des sentiments contraires à ceux de cette tourbe immonde, puis, à peine ce jugement burlesque prononcé, de faire exécuter cet homme, sans délai sans sursis, et cela en plein jour, au milieu d'une ville de quatre cent mille âmes, et l'on ne trouve pas, à l'aide de la loi martiale qui régnait alors, le moyen de faire un exemple terrible !

Allons, c'est une affreuse mystification, et les conséquences de cette manière de procéder se dégagent toutes seules, c'est que personne n'ose se considérer comme en sûreté. Or, un gouvernement qui ne protège pas la vie et la fortune des citoyens court à une ruine infaillible. C'est son premier devoir, et s'il y manque, il ne doit compter que sur l'éloignement de tous ses partisans.

Sait-on bien que cette longanimité à l'égard de vils assassins a failli donner un pendant au drame du clos Jouve. En effet, le 2 février dernier, le soir que quelques coups de revolver furent tirés du perron de l'Hôtel-de-Ville et du milieu de la foule qui occupait la place des Terreaux, ce soir là, un sous-officier de la garde nationale fut désarmé et emporté dans un quartier éloigné où on le garda fermé jusqu'à deux heures du matin, en le menaçant d'un jugement et d'une exécution sommaires. Par bonheur, un chef de bataillon, instruit fortuitement du fait, eut assez d'énergie et d'influence pour faire relâcher cette victime de la force brutale.

De tout cela il ressort clairement que notre administration, désireuse de choyer le parti dans lequel se recrutait naguères sa garde spéciale *et payée*, blesse les sentiments de la population, et paraît prendre à tâche d'éloigner de la République tous ceux qui, sans l'appeler de leurs vœux ou par leurs actes, s'y étaient ralliés sincèrement. Ces gens là, pourtant, forment des appoints d'autant plus précieux qu'ils n'aiment pas les changements. Une fois la forme républicaine adoptée par eux, il y aurait bien peu de chance pour une restauration monarchique.

Si nos gouvernants avaient, comme disait un jour Gambetta à Ollivier, seulement une lueur d'intelligence, ils comprendraient cela. Mais vraiment, c'est bien là leur souci !

Exploiter la République au profit de leurs intérêts et de leur orgueil, voilà leur devise.

Les impérialistes, les orléanistes, les légitimistes le savent bien ; aussi se frottent-ils les mains en voyant de quelle maladroite façon agissent les saltimbanques galonnés ou brodés qui se pavanent dans les hôtels du gouvernement.

Il semble à ces amants de la théorie (quand ce n'est pas du lucre) que, pour administrer, il suffit de rendre des décrets. Les circonstances de lieux et de temps, dont une saine appréciation est le principal mérite des gens qui savent ce que c'est qu'administrer, leur sont de la plus complète indifférence.

Ainsi la Commune a, du jour au lendemain, supprimé l'octroi à Lyon. Cette mesure, excellente en elle-même, puisque l'octroi est un impôt sans équité, a été une faute désastreuse par rapport aux circonstances dans lesquelles elle s'est produite.

Ce n'est pas lorsqu'on a besoin et grand besoin d'argent qu'il en faut tarir la source.

A la vérité, pour combler le déficit de l'octroi, la Commune a bien frappé des impôts. Mais la Commune n'était reconnue et admise que par elle-même ; or, les impôts ne peuvent, en France, se frapper que par le gouvernement. Les municipalités, même lorsqu'il leur plaît de s'ériger en Communes, n'ont pas qualité pour cela.

Il est donc arrivé à la Commune de Lyon ce qui arrive à ceux qui veulent se mettre en exception aux lois ou aux usages, et le voici :

En maintenant des couleurs autres que celles de la Nation, la Commune de Lyon a cessé d'être Française.

Les contribuables qui, eux, voulaient rester Français, se sont dit qu'ils ne reconnaissaient qu'au gouvernement de la France le droit de créer des impôts, et, en attendant cette création, ils ont refusé de payer les contributions frappées par la Commune de Lyon.

La leçon était rude, mais bien appliquée.

Et le mécontentement ne faisait que s'accroître, et toujours au détriment de la forme républicaine, comme si elle y était pour quelque chose.

Qu'y faire? Il y a toujours un peu de logique dans la conduite des masses.

Est ce que Messieurs de la Commune n'ont pas la prétention de posséder les qualités républicaines ? Est-ce que le préfet, M. Challemel-Lacour, ne nous est pas arrivé avec l'étiquette de *vigoureux républicain ?* Les masses ne font pas de la politique transcendante et et quintescenciée ; elles jugent sur les faits.

Vous conduisez la République et vous vous dites de bons et sincères républicains ; nous devons vous supposer ce que vous dites être ; si donc la République, administrée par ceux qui se disent ses souliens, ses défenseurs, sa lumière et ses guides, ne marche pas plus convenablement, c'est que la République est un mauvais gouvernement. Il n'y a pas à regimber : ou c'est la République qui n'est pas bonne, ou c'est vous qui manquez de qualités.

Pour nous il n'y a pas d'hésitation entre ces deux alternatives. A notre avis, la République est excellente, et c'est vous qui ne valez rien pour être à sa tête. N'attendez donc pas qu'on vous chasse. Vous voyez bien que votre présence éloigne les amis de la République et la compromet, retirez-vous donc si un peu de pudeur vous reste au front, et si vous n'êtes pas des agents stipendiés de la réaction ou de l'ennemi.

La tâche que vous avez ambitionnée est au-dessus de vos moyens. En vain alléguerez-vous que si des partisans se détachent de la République cela tient à ce que la réaction relève la tête, et que, si l'on vous laissait faire, cette opposition aurait bientôt cessé par suite de la suppression de quelques individus.

Le moyen n'est pas bon. La réaction n'acquiert des forces qu'en raison directe de vos faiblesses. Elle exploite vos fautes Soyez sages et vous la réduirez à l'impuissance. Le peuple, qui compte et réfléchit, va du côté du bon sens.

Les nullités ne l'attirent pas, c'est pourquoi la République, qui en a trop à son service, est abandonnée par les gens sérieux et honnêtes.

La République doit être un gouvernement de liberté, d'égalité et de fraternité.

Cela est inscrit au frontispice de ses monuments, c'est sa devise et sa formule.

Ses représentants devraient puiser dans ces trois mots la règle de leur conduite. Hélas ! encore de ce côté, ils ont trompé l'attente de tous. Dans le but d'être agréable aux énergumènes qui, au nom de la *libre pensée* voudraient bâillonner toutes les convictions religieuses, la Commune n'a rien eu de plus pressé que de faire la chasse aux ordres religieux sans distinction aucune. Dès le 5 septembre ses rabatteurs traquaient tout ce gibier-là, pour eux, si on les écoutait, vrai gibier de potence.

Dans leur rage absurde, ils n'épargnaient pas même les Frères des écoles. Comme si ces Frères offraient un danger politique. Ne sont-ils pas la démocratie à travers les ordres religieux ? Est-ce qu'ils ne vivent pas au grand jour, instruisant nos enfants avec patience et abnégation ? Que leur voulait-on donc ? Leur enlever l'éducation de la jeunesse. Cela était, paraît-il, d'une urgence absolue. Si les dépositaires du pouvoir avaient eu la moindre notion pratique de leurs devoirs, ils auraient songé, d'abord, à installer des écoles laïques, et à en surveiller la marche, afin de les faire fonctionner à la satisfaction générale pour engager les parents à leur donner la préférence.

Mais non, cela eût été pratique, et notre Commune ignore la première lettre de ce mot. On a préféré abolir les écoles et laisser, pendant des mois entiers, les enfants sans enseignement. De la part de gens qui veulent diriger l'instruction du peuple, c'était parfaitement compris.

D'ailleurs, dans le moment, on avait d'autres chiens à fouetter. L'ennemi souillait et ensanglantait le sol de la Patrie. C'était à le chasser que toutes les facultés du pays devaient converger. C'était, pour des patriotes, la question palpitante qui excluait toutes les autres. Du moins le peuple pensait ainsi, mais le peuple est ignorant de ses véritables intérêts.

Heureusement la Commune veillait pour lui. La défense de la Patrie était bien que que chose. mais le plus pressant était de s'occuper de religion. En le faisant, on agitait les consciences, on effrayait l'immense majorité du pays ; mais aussi on donnait satisfaction aux lecteurs de l'*Excommunié* et à son directeur. Cette compensation devait suffire. Oh ! c'était d'une habileté et d'une politique dont la profondeur n'a d'égale que l'immensité du succès obtenu par cette conduite, succès que les élections nous ont révélé.

Nous sommes parfaitement d'avis que l'Eglise et l'Etat doivent être séparés complètement. Nous croyons aussi que l'Etat doit avoir la main dans ce qui concerne l'éducation de la jeunesse. Mais nous croyons aussi que la liberté des convictions religieuses doit être respectée, d'une manière absolue, chez tous les citoyens, et que des entraves violentes ne doivent pas être apportées à l'exercice de cette liberté. Le père de famille a des responsabilités dont nul, dans l'Etat, ne le décharge ; c'est bien le moins, alors, qu'il ait le droit d'imprimer une direction à l'éducation de ses enfants.

Nous ne craignons pas de déclarer catégoriquement que, pour les pères de famille qui ont à demander à un travail constant le pain de chaque jour, les institutions laïques, telles qu'elles sont organisées, ne présentent pas des garanties suffisantes au point de vue de l'éducation.

Elles ont besoin d'être complétées par la famille. Or, si pour première et exclusive occupation, le père et la mère de famille ont à pourvoir aux besoins matériels de leurs enfants, quel temps et quels soins voulez-vous qu'ils puissent consacrer à leur éducation.

N'en déplaise aux libres-penseurs, il y a encore beaucoup de gens qui croient à l'immortalité de l'âme, et qui, par conséquent, veulent s'occuper de celle-ci. Ils sont, dans cette croyance, en si nombreuse et si bonne compagnie, dans le passé comme dans le présent, que, selon toute probabilité, ces gens-là persisteront dans leur manière de voir.

Nos enfants, suivant cet ordre d'idées, ont donc des

besoins autres que ceux du corps; la culture de leur esprit n'est pas suffisante non plus, il faut leur enseigner une morale, mais il faut que cette morale soit plus élevée et, surtout, plus consolante que celle des libres-penseurs.

Nous ne tenons pas à ce que nos enfants soient des fanatiques, loin de là notre intention. Ce que nous voulons pour eux, c'est qu'ils évitent les doctrines dissolvantes du matérialisme, c'est qu'ils croient en Dieu, c'est qu'ils honorent la vertu dans toutes les classes de la société, c'est qu'ils aiment leur patrie et la défendent avec foi dans ce mot qui est vide de sens pour les sceptiques, c'est qu'enfin ils estiment autre chose que l'argent.

Malheureusement, pour chasser le culte des jouissances matérielles, dont un gouvernement corrompu et corrupteur a favorisé le développement au point que ce culte a fait presque la base de l'éducation depuis quelques années, une réaction dans les systèmes adoptés est indispensable. Or, les institutions laïques font trop de rationalisme.

N'abrutissez pas l'enfance par l'enseignement d'une religion surchargée de pratiques cagotes et superstitieuses ; mais ne vous pressez pas trop, non plus, à la convier à la discussion de choses que l'on peut croire sans cesser d'être homme de mérite et de valeur.

L'enfant est faible, et son inexpérience le portera infailliblement, pour user de l'émancipaton que vous lui offrez, à se mettre en opposition aux croyances anciennes. Le sentiment de la liberté est inné dans l'homme, c'est pourquoi le premier besoin du sujet émancipé est de rejeter ce qui lui avait été imposé. Laissez donc grandir l'enfant, afin que, s'il croit, plus tard, devoir se soustraire aux croyances qu'on lui a enseignées, ce ne soit pas dans l'unique but d'user de sa liberté, mais bien par suite de raisonnements plus mûrs et mieux appuyés sur l'expérience de la vie.

Devenu jeune homme et livré déjà à lui-même, il trouvera assez tôt des écueils où pourront sombrer les croyances de son jeune âge.

Nous aimons la doctrine du Christ et nous tenons à ce qu'elle soit enseignée à nos enfants.

Nous ne partageons pas du tout le sentiment de ceux qui prétendent que quatre gendarmes et un brigadier sont une garantie suffisante pour la morale publique, et nous croyons qu'une morale qui repose sur des convictions religieuses et libres est préférable à celle des libres-penseurs qui ne s'appuie que sur la force des lois et des baïonnettes.

D'abord elle enseigne le respect des lois.

Observée dans toute sa simplicité, elle vous donnera de bons citoyens animés de la maxime du Maître : « Aimez-vous les uns les autres, » et imbus de vertus républicaines.

Car le Christ a prêché la liberté, l'égalité et la fraternité.

N'a-t-il pas proclamé, à la face des, rois l'égalité des hommes ?

Croyez-le bien, ce n'est pas en inquiétant ceux qui professent, sans arrière pensée, cette sublime doctrine que vous attirerez des clients à la République.

On ne brise pas la foi et les convictions d'un peuple comme un hochet, et ce n'est pas impunément que l'on se heurte aux vieilles croyances.

Un décret ne suffit pas pour détruire ce qui est du domaine moral ; c'est œuvre de patience et de persuasion, la violence n'y peut rien.

Au point de vue politique, au point de vue religieux, comme à tous les points de vue, en général, ce n'est pas d'un jour à l'autre que les allures d'un peuple se peuvent modifier.

La force brutale se brise contre une idée. Les dragonnades du Roi-Soleil ont fait plus de protestants que les prédications des ministres du culte réformé.

La révocation de l'édit de Nantes, sans donner un sujet de plus à la religion de l'Etat, a été un acte fatal à la France pour son industrie, comme pour son homogénéité politique.

Vos violences d'aujourd'hui n'auront pas d'autres résultats à l'égard de la République. Elles en éloigneront les gens, sans profit pour vos théories matérialistes, soyez-en bien certains.

Au nom de la République, pour son salut, soyez plus sages. On ne conduit les masses qu'avec du tact, de la patience et de l'équité.

Au nom de la liberté, de l'égalité, il ne doit y avoir de préférence pour aucune opinion religieuse : la balance doit être égale pour toutes.

Habituons le pays au mot de République, d'abord ;
le reste viendra peu à peu. Lorsque le pays aura vécu
quelques années sous un gouvernement de ce nom,
quand il aura reconnu que la justice présidait à ses
décisions et que tout ce qui méritait de l'être a été pro-
tégé, une restauration monarchique quelconque sera
bien difficile.

Persuadons par l'exemple, surtout, et ne froissons
personne. S'il nous faut plus de temps pour arriver au
but, le succès n'en sera que plus durable. Ce qui se fait
avec le concours du temps laisse toujours des traces.
L'œuvre des siècles exige des siècles pour disparaître.

Patience donc, courage, persévérance, douceur. Si
nous n'achevons pas nous-mêmes le travail, posons des
jalons assurés ; les générations se succèdent, et chacune
de celles qui remplaceront la nôtre apportera son con-
tingent à l'édification du monument social. A chacun
sa tâche. La nôtre est de préparer des générations plus
austères, capables de plus d'abnégation individuelle et
ayant l'intelligence de la solidarité. En tout, la chose
essentielle est de bien commencer.

De mauvaises fondations ne feront jamais, quelle que
soit l'habileté des architectes qui construiront dessus,
que des édifices sans solidité.

Le désir de jouir vite est la plaie de notre temps,
parce que notre temps est sans foi.

Qu'attendre d'une génération qui ne veut rien voir
au-delà de son existence ?

Nous le répétons, il faut une régénération sociale ; il
faut que la satisfaction des appétits grossiers cesse d'être
le but proposé à nos enfants. Nous devons leur enseigner autre chose que les moyens d'y parvenir.

Si nous comprenons cette tâche, notre génération
aura plus fait, par ce travail lent et presque impercep-
tible, pour le bien de la République et, conséquemment
pour l'émancipation des peuples, que tous les décrets
imaginables appuyés sur la force.

D'ailleurs, qu'on ne l'oublie pas : la violence appelle
le despotisme, c'est fatal. Le flambeau de l'histoire à la
main, sachons éviter cet écueil.

La République doit être un gouvernement de fraternité.

Administrateurs insouciants, ineptes ou coupables, qui avez envoyé nos frères, nos fils, vos amis à la défense du sol de la Patrie, vous l'êtes-vous rappelé ce mot de fraternité? Le pays vous avait confié ses enfants, qu'en avez vous fait? Comment les avez-vous vêtus, chaussés, nourris, armés? De quelle sollicitude les avez-vous entourés?

L'argent ne vous manquait pas.

Pourquoi, lorsque ces nobles victimes allaient affronter les balles de l'ennemi, les avez-vous laissé manquer de vivres et de munitions?

Pourquoi, payant fort cher leurs équipements, ne leur avez-vous donné que des souliers sans consistance et des vêtements mauvais d'étoffe, épouvantables de confection?

Les voyez-vous, ces pauvres martyrs expiateur de vos fautes, avec leurs vêtements en lambeaux dès les premiers jours, leurs souliers déchirés, les pieds nus dans la neige glacée, exposés, grâce à la honteuse rapacité des fournisseurs et a votre complaisance coupable, à toutes les misères à la fois : la mitraille ennemie, la fatigue, le froid, et quel froid, mon Dieu! la faim... oui la faim, alors que vous aviez, dans des gares de chemin de fer, des trains entiers de vivres que nul obstacle encore n'empêchait de conduire à nos soldats.

De qui donc était-ce le devoir de s'inquiéter si les trains partis de Lyon suivaient leur direction. Qui donc avait qualité pour cela?

Ah! le sang des enfants et les larmes des mères crieront vengeance contre vous. Malheureusement, la réaction qui veille toujours, elle! exploitera encore, contre la République, les fautes et les crimes des infâmes qui présidaient à ses destinées.

Maudits soyez-vous, par les générations présentes et futures, pour tout le mal que vous lui avez fait.

Vous aviez l'autorité civile et militaire, vous aviez la haute main sur tout. Vous étiez entourés de comités. Qu'ont fait vos intendances? Ecoutez la rumeur publique: elle vous dira ce qu'on pense sur la manière dont les marchés se sont passés.

Et vos comités de guerre, de défense, scientifiques, de ceci, de cela, qu'ont-ils fait ?

Ce qu'ils ont fait, nous allons le voir.

Dans le principe on avait installé des comités de défense ruraux agissant de concert avec les membres supérieurs de la défense centrale et ayant leurs sièges à Lyon. L'idée était excellente à tous égards : aussi la suppression de ces comités n'a-t-elle causé aucun étonnement.

Un fait acquis et démontré, malheureusement d'une façon trop évidente, c'est qu'entre autres choses qu'ils devraient connaître, nos officiers de l'armée active ne connaissent pas du tout leur géographie. Rien n'autorise à supposer que le trop nombreux état-major dont les galons, seuls, brillent à l'Hôtel-de-Ville, soit fort sur cette matière. C'eût donc été un bien de suppléer à cette ignorance. C'est ce qui arrivait par suite du concours des membres pris dans les campagnes pour composer les comités en question.

Lorsqu'on habite un petit pays, point n'est utile d'avoir fait des études spéciales pour en connaître toute la topographie : les gorges, les collines, les issues, les moindres accidents de terrain. Chaque habitant, dans son pays, sait par où l'on y peut parvenir et quel est l'endroit le moins exposé d'où, avec le moindre travail de fortification, l'on pourrait repousser une invasion avec avantage quoique en nombre inférieur à celui des envahisseurs et moins bien armé que lui. Les lieux de retraite cachés et sûrs lui sont également connus.

En chargeant quelques citoyens, dans chaque localité, d'étudier la question de défense, de faire des plans avec des légendes très-explicatives, on réunissait un faisceau complet de renseignements précieux ; on attribuait aux campagnes une petite part d'influence dans la défense de la patrie, et on leur donnait, par là, un témoignage de confiance.

On établissait ainsi des rapports constants entre Lyon et les petits pays de son rayon. Le contact de personnes consacrant leurs lumières à la poursuite du même but forçait à des échanges d'idées et de vues aussi avantageux pour les uns que pour les autres. Cela valait, certes, beaucoup mieux que la menace d'isolement qui s'est fait jour un instant, à propos d'élections, contre les campagnes.

Le paysan ne se contente pas facilement de théories ;

il veut voir les choses elles-mêmes autant que possible. Ses avis, imbus de ce principe, ne pouvaient qu'être un contrepoids utile à l'ardeur fiévreuse qui s'empare ordinairement de l'homme des grands centres. L'homme des champs habitué au travail de la nature, travail lent mais constant et assuré, apporte, dans les actes de sa vie, beaucoup de patience. Il sait qu'un grain de blé, pourvu qu'il soit sain et jeté dans un terrain bien préparé, lui donnera, quoique longtemps après, la récolte de chaque année.

De même, il croit que, pour qu'une idée fasse son chemin et produise de bons résultats, elle a besoin d'être saine d'abord, puis de ne pas être jetée au hasard mais bien dans un terrain préalablement préparé à la recevoir.

L'administration n'a pas compris ce qu'on pouvait espérer du concours des campagnes, parce qu'elle ne connaît pas les tempéraments divers de ses administrés.

Le caractère campagnard est susceptible ; la moindre attaque à ses droits en fait un ennemi. Par contre, la plus petite prévenance le touche et l'attire. Il aime à s'occuper de la chose publique pourvu qu'il en puisse faire partie au moins indirectement, c'est-à-dire pourvu qu'on ait bien voulu l'initier tant peu que ce soit. Les jours de repos, sur la place publique, il cause volontiers commerce, agriculture ou guerre ; il aime à pouvoir demander quelques renseignements à monsieur le Maire ou à quelque autre autorité. Un peu de discussion ne l'effraie pas. Il est flatté que ses avis soient écoutés avec bienveillance et pris en considération ne fût-ce que pour être réfutés ; et, si vous arrivez à vous trouver en communauté d'idées avec lui, soyez persuadé qu'il vous sera un rude défenseur.

Pour trois ou quatre membres de comités que vous auriez nommés dans chaque localité, vous auriez eu cinquante ou cent personnes s'occupant de la chose. Or, tous ces gens-là collaborant avec les agents de la République en auraient été solidaires en quelque sorte. Si, adoptant cette voie, vous aviez dépensé, pour armer les campagnes, la moitié seulement de ce que vous a coûté l'armement des villes, vous auriez obtenu des résultats incalculables au point de vue de la résistance.

C'est pourquoi l'on eût montré du tact en intéressant les gens de la campagne aux questions du moment plutôt que de tout centraliser à Lyon.

Nous savons bien qu'on reproche à la campagne ses *oui* plébiscitaires et que, pour avoir voté *non*, les classes urbaines se croient supérieures.

Certes, les infamies dévoilées à la charge de l'ex-Empire, rendent sa défense impossible. Mais le public sait, aujourd'hui, beaucoup de choses qu'il ignorait alors. La campagne, surtout, qui ne pouvait juger que par les effets immédiats et matériels se produisant sous ses yeux, et qui, comme une grande partie de la population des villes, faisait remonter au chef de l'Etat la cause de la prospérité publique laquelle, pourtant, n'était que l'effet de la construction simultanée de beaucoup de chemins de fer, la campagne, disons-nous, était bien embarrassée pour voter.

Elle avait en présence, d'un côté, un état de choses dont ses intérêts matériels s'accommodaient assez bien et, ainsi que nous venons de le dire, e le en faisait, mal à propos, mais d'accord en cela avec la majorité des villes, remonte la cause à l'Empire ; de l'autre e le avait en perspective un bouleversement dont les promoteurs annonçaient bien qu'ils voulaient détruire ce qui existait, mais se trouvaient fort embarrassés lorsqu'on les sommait de développer les systèmes par lesquels ils remplaceraient ce qu'ils auraient renversé.

Or, d'une part, nous avions un gouvernement mal sain, c'est incontestable, et dont la trop longue durée sera une honte pour notre génération complaisante, mais enfin c'était un gouvernement et l'on croyait savoir sur quel pied l'on dansait.

De l'autre, on avait en vue l'inconnu, c'est-à dire l'expérimentation des systèmes, pas même précises en théories, des adeptes de Belleville. Que ces systèmes puissent aboutir, par la pratique, à de bons résultats, nous ne voulons pas l'examiner ici. Un tort immense pour eux, à notre avis, c'est, en premier lieu, de vouloir s'imposer, ce qui est un moyen impraticable en saine économie politique ; c'est ensuite de s'écarter si brusquement des chemins battus, que, forcément, il doit y avoir, de la part de l'homme sérieux, beaucoup d'hésitation à s'y lancer tête baissée.

Enfin, ils manquent d'une condition qui eût peu suppléer à leur défaut d'expérimentation, c'est la condition
d'être préconisées, patronés par des hommes d'une réputation plus rassurante que celle des hommes de Belleville ou de Valentino

Si, à l'époque du plebiscite, le drapeau républicain se
fût trouvé en des mains sages et *pratiques* (nous insis-
tons sur ce mot), le nombre des *oui* eût été considéra-
blement amoindri. Nous le répétons, l'existence des
comités de défense ruraux était un acheminement à
l'introduction de l'élément campagnard dans les affaires
publiques, et, ne fût-ce qu'à ce point de vue, on aurait
dû en favoriser le développement.

L'ostracisme dont on frappe les campagnes ne peut
que les éloigner de la République, et en faire des
appoints au service des réactions.

Les villes ont l'orgueilleuse prétention de savoir
mieux que les campagnes ce qui convient à celles-ci. On
les dirige presque sans les consulter, froissant ainsi les
principes les plus élémentaires de liberté et d'égalité.
Il en résulte naturellement, en conséquence d'un principe que nous avons exposé quelques pages plus haut,
que les campagnes, quoique d'accord parfois avec les
villes sur le fond de la question, votent en sens contraire
de celles-ci uniquement pour faire acte d'indépendance
et protester contre l'espèce de tutelle dont on veut user
à leur égard.

Malheureusement, c'est la manie des républicains,
nous parlons, bien entendu, de ceux qui se croient la
fine fleur du républicanisme, de considérer tout ce qui
ne court pas à l'aventure des théories, ou ne pense pas
de la même façon qu'eux, comme des êtres inférieurs
ou comme des opposants. Eux qui passent leur vie à
crier, et cela avec juste raison, contre le bon plaisir,
l'absolutisme et l'arbitraire, ils ne s'aperçoivent pas
qu'ils sont d'une intolérance insupportable.

Voyez-les réunis quelques centaines, sans le moindre
projet préconçu ; un intrigant audacieux leur monte la
tête, vite les voilà partis pour démolir ceci, pour ren-
verser cela. Ils sont la Loi et les Prophètes et ne veulent
rien entendre. Or, notez bien cependant qu'ils ne sont
qu'une poignée, n'ayant pour eux ni la force morale
d'une idée saine, ni la force brutale du nombre !

Mais quand donc, malheureux imprudents, qui êtes de bonne foi, cesserez-vous de faire cause commune avec les intrigants de tout acabit, sans convictions, sans honte et sans honneur, qui ne se servent de vous que pour leur faire le pont? Ces orateurs mercenaires ne s'évertuent qu'à exciter en vous, pour les exploiter à leur profit, les mauvais instincts que nous avons tous dans notre pauvre et incomplète nature: l'orgueil, l'envie, la jalousie, la paresse. Ils faussent en vous les vraies notions de liberté. C'est à ce point que vous craignez d'abdiquer vos droits en vous faisant, entre républicains, des concessions réciproques. Aussi, voyez nos élections. Plus nombreux que les monarchistes nous sommes battus par eux.

Tous les hommes sont égaux, c'est la maxime des immortels principes de 1789, c'est-à-dire qu'il n'y a plus de priviléges de castes. Malheureusement ou heureusement, mais en fait, la nature n'a pas accepté l'égalité absolue.

Elle a fait l'un petit l'autre grand.

Celui-ci a de l'intelligence, celui-là est un crétin. Puis l'instruction, l'éducation, le milieu dans le re où vit, les choses dont on s'occupe font que, chez quelques-uns, certaines aptitudes se révèlent dont l'ombre n'existe pas chez d'autres. Eh bien, dans nos élections, vous ne tenez aucun compte de ces conditions de nature et d'habitude. Vous voulez, quand même, improviser des hommes d'état, comme dans l'armée on a improvisé des officiers, ce qui a si bien réussi; vous appelez à traiter des questions on ne peut plus délicates, importantes et difficiles des hommes qui n'ont pas la moindre expérience des choses publiques, et dont le seul mérite, si c'en est un, est d'avoir vociféré à tort et à travers, mais bien fort, dans les clubs; vous donnez vos suffrages à ces gens-là pour leur confier les intérêts d'un peuple de 40 millions d'individus et, personnellement, vous n'en voudriez pas, le cas échéant, pour contre-maîtres ou fermiers.

Nous ne citerons pas de noms propres; mais dites-nous sincèrement si, faisant un retour sur vous-mêmes, agissant avec logique, sans arrière pensée, sans aigreur, sans idée de représailles ou de protestation, visant à faire les choses d'une manière pratique et vraiment

utile à la nation, vous nommeriez pour représentants
sérieux à l'assemblée nationale tels et tels à qui vous
venez de donner des suffrages par vingtaines de mille
et plus.

Vraiment si vous continuez ainsi, c'est que vous
voulez la ruine de la République.

Comment, nous ne pouvons pas nous entendre entre
nous pour former une liste républicaine, compacte et
composée de noms (ils sont assez nombreux pourtant
dans notre parti, auxquels la confiance de tous soit for-
cée de s'attacher, et nous voudrions attirer les dissidents.
Illusion, chimere ! N'y comptons pas.

Les exaltés qui, presque tous, sont des natures géné
reuses et de bonne foi, puis les habiles et les ambitieux
qui se soucient de la Republique comme de Colin-Tam-
pon, et, enfin la lie de la société qui ne vise qu'à
exploiter, de la façon la plus vile et la plus honteuse,
tous les mouvements sociaux et politiques quel que soit
leur sens, parti dont notre mollesse imprudente nous
fait les complices, tous ces gens-là, disons-nous, per-
dront la République. Ils l'ont perdue en 1848. et, si elle
doit être perdue cette fois encore, ce sera leur fait et
celui de notre insouciance coupable.

Nous disions tout-à-l'heure qu'il ne fallait pas de divi-
sions. Entendons-nous cependant, soyons unis, oui,
entre honnêtes gens malgré des divergences d'opinions,
mais rejetons loin de nous les intrigants sans-convic-
tion ; condamnons-les a l'impuissance en ne prêtant
plus l'oreille à leurs vaines déclamations. Qu'ils écou-
tent dans nos réunions, et en silence, ceux dont la
parole loyale, proclamant l'amour de la patrie et prê-
chant l'union des peuples, exprime des convictions
sincères ; mais qu'ils ne s'avisent pas de mettre leur
faconde impudente et menteuse au service de leur
ambition sans vergogne.

Quand aux scories de la société, malheur à ceux qui
voudraient en faire un moyen de domination. Les
tyrans de tous les temps et de tous les pays se sont
appuyés sur cette tourbe, ce n'est pas à nous de les
imiter.

Hélas ! pourquoi les gens honnêtes et de mérite se
tiennent-ils autant à l'écart, laissant ainsi la place aux
parasites intrigants qui épient toutes les convulsions de

la société pour s'introduire dans la première fissure qui
s'offre à leurs yeux. N'est-ce pas un peu notre faute à
tous. On n'honore pas suffisamment les vertus modestes
et civiques. Ne sait-on pas que le vrai mérite s'ignore
lui-même, qu'il se cache et qu'il faut l'aller chercher ?
Aux beaux temps de la république romaine, on ne l'i-
gnorait pas, et, lorsque le peuple allait enlever Fabius
à sa charrue pour le placer à la tête des affaires, ce n'é-
taient pas l'intrigue ou le caprice qui dictaient cette
préférence.

Au contraire, le propre de l'ignorance ou de la mé-
diocrité est de s'afficher. Toutes les occasions sont
bonnes. Les ambitieux et les déclassés agissent de
même. Que leur importe à eux de compromettre la vie
ou les intérêts des citoyens par leur insuffisance ou leur
égoïsme. Ce qu'ils veulent, c'est une place. La place
obtenue, le reste n'est plus rien. Ils ne connaissent pas
le premier mot de ce qu'ils ont à faire, misère que
cela ; avec beaucoup d'aplomb et un peu de morgue,
l'on se tire toujours d'embarras vis-à-vis des importuns
qui voudraient voir de trop près. Puis, pour ne pas déceler son incapacité, l'on n'innove rien. L'on agit, en
administration, comme font, en médecine, les praticiens
ignorants, mais hommes habiles qui, se contentant de
faire de la médecine expectante et anodine, envoient
leurs malades *ad patres* le plus doucement possible,
sans compromettre leur réputation. Ainsi agissent quelques-uns de nos administrateurs. D'autres, plus coupables, vont plus loin et se servent de leurs positions pour
tripoter dans les marchés de fournitures administra-
tives, gaspillant ainsi les ressources financières du
pays, ruinant la santé des soldats, et compromettant le
succès de nos armes.

Y a-t-il des mots assez vifs pour flétrir de semblables
agissements ?

Cependant ces cas existent ; l'opinion publique est
unanime à le proclamer. Malgré cela, vous verrez qu'on
ne découvrira pas un coupable.

Tout le monde s'aperçoit du gaspillage et se demande
s'il valait la peine de changer de gouvernement pour
n'obtenir qu'un changement de figures. Exploités par
les uns, exploités par les autres, quel attachement voulez-vous que les honnêtes gens prennent pour une Ré-

publique qui laisse subsister les abus scandaleux des
plus mauvais gouvernements.

Veut-on savoir de quelle inertie ont fait preuve nos
différents comités? Prenons quelques faits parmi ceux
que la notoriété publique a consacrés.

Il a été présenté a nos comités des centaines de pro-
jets dans le but de la défense nationale : plans, engins,
armes nouvelles ou transformation des ancienne . Qu'est-
il sorti de leurs bureaux? Rien de neuf. Est-ce donc à
dire que, parmi tous ces patriotes qui ont dépensé leur
intelligence, leur temps et leur argent à la recherche
de quelque chose d'utile à leur pays, il ne se soit
trouvé que des imbéciles dont les élucubrations ne mé-
ritaient pas de voir le jour? Mon Dieu ! non. Là n'est
pas le motif qui les a fait évincer. La raison en est que
les intrigants chargés de prononcer sur la valeur d'œu-
vres dont leur intelligence bornée n'était pas apte à re-
connaître le mérite ou les défauts, avaient peur de se
tromper. L'on comprend bien que si une invention, pa-
tronée par un comité, aboutit à fiasco, le public con-
fondra dans le même dedain l'inventeur et ses patrons.
Il est donc prudent de décourager les gens qui se présentent, de façon a ce que, leurs propositions ne voyant
pas le jour, le public ne soit pas mis dans les confi-
dences de l'aréopage.

Que d'idées généreuses et utiles dorment dans la
poussière des cartons bureaucratiques, qui, tombées
entre les mains d'hommes compétents, auraient rendu
des services immenses à la patrie !

L'engin Vallée a été examiné par une commission de
savants qui lui a été favorable. Cet engin, par les résultats promis en son nom, pouvait rétablir, en notre faveur, la fortune des armes. S'en est-on occupé ?

L'inventeur, après y avoir consacré toute sa fortune,
mendie aujourd'hui des souscriptions pour achever son
œuvre. Les souscriptions font défaut parceque chacun
dit, avec raison, que c'est affaire à nos gouvernants. Ou
la chose paraît bonne, ou l'inventeur se berce d'illu-
sions. Dans le dernier cas, le devoir de l'administration
est de publier qu'elle ne veut pas s'occuper de la chose
parce qu'elle ne le mérite pas. On appaiserait par là
l'irritation de l'esprit public. (Il ne faut pas oublier que
Fulton a été traité de visionnaire et de fou à propos de

son invention de bateaux à vapeur.) Dans le premier cas, un gouvernement ayant souci de son pays, ne devait pas hésiter à faire la dépense nécessaire aux essais. C'était une affaire de deux cents et quelques mille francs. La Commune de Lyon, surtout, devait avoir le cœur net au sujet de cette invention qui contient peut être en germe la solution du problème de la navigation aérienne. On a bien envoyé au vent des sommes plus considérables. Le manque d'argent a été donné comme prétexte. On a cependant bien trouvé le moyen d'affecter plus de quatre millions à l'achat de vieux fusils Enfields se chargeant *par la gueule*, et qu'on a payés au prix ridicule de 100 fr. environ la pièce. L'on dit que le même marché eut pu, quelques semaines plus tôt, se traiter à raison de 40 à 50 fr. le fusil. et le public, pour qui ce besoin pressant de fusils se chargeant par la gueule ne se justifie pas, cherche à deviner pourquoi ce marché, refusé d'abord à 40 ou 50 francs, a été conclu plus tard à cent francs. En vérité, cet amour de marchés a quelque chose de louche, surtout quand on réfléchit que ces fusils, n'ayant pas encore servi, il eût été possible, en pressant le travail dans nos manufactures, de leur en faire produire une pareille quantité supplémentaire, et ç'auraient été des fusils se chargeant par la culasse, les seuls que demandent nos soldats. Ce moyen aurait certainement satisfait davantage les contribuables.

Un autre chercheur, M. de Coster, a transformé en fusils rayés se chargeant par la culasse, les anciens fusils lisses à pierre ou à piston. Ces fusils, dont le nombre s'élève peut-être à deux millions. possèdent en général des canons dont le fer est excellent. De sorte que, si cette transformation avait été entreprise depuis le jour qu'elle a été proposée, nous aurions, à l'heure qu'il est, deux millions de plus de fusils remplissant les meilleures conditions d'une arme solide, portant loin et d'une propreté intérieure dont aucun autre système n'approche.

Avant de présenter son arme, l'inventeur avait fait, en public, les expériences les plus concluantes. La presse et la population appuyaient cette transformation qui, dans les circonstances présentes, était un véritable bienfait, soit à cause du bon marché, soit à cause du peu de temps qu'il fallait pour l'opérer, soit enfin à cause de l'économie de plus de 50 pour cent qu'offrait la confection de sa cartouche. Toutes ces raisons militaient en faveur de cette entreprise. Du moins c'était le sentiment public. Mais où irions nous, grand Dieu, si l'on s'avisait, pour administrer, de prêter l'oreille à l'opinion publique. Heureusement qu'il n'en est rien, et que nos gouvernants, qui se prélassent dans leurs fonctions honorifiques et grassement payées, veillent avec soin à ce que des entraînements de cette nature n'aient pas lieu.

Le gouvernement deTours, auquel M. de Coster s'était d'abord adressé, l'a fait voyager, de St-Etienne à Lyon et de Lyon à St-Etienne pendant quelque temps, les comités de ces villes se le renvoyant réciproquement. Las de ces démarches, l'inventeur s'adressa plus particulièrement à l'administration lyonnaise qui a fini par lui répondre et le repousser.

Pour que le public ne s'avise plus, dans sa stupide ignorance, de se mêler de ce qui ne le regarde pas ; pour lui faire comprendre quelle distance il y a entre ses appréciations bornées et le savoir éclatant de ceux qui sont à notre tête ; pour lui faire enfin toucher du doigt l'erreur dans laquelle on aurait pu tomber sans les lumières resplendis-antes de l'Hôtel-de-Ville, nous allons esquis er le rapport du comité qui a conclu au rejet de la proposition Coster.

Il mérite d'être conservé.

En principe le rapport déclare que les fusils à tir rapide n'offrent pas un grand avantage et que l'on pourrait peut-être bien attribuer quelques-uns de nos insuccès militaires à la facilité qu'avaient nos soldats de dépenser, dans un trop court délai, toutes leurs munitions. Il y a peut-être bien quelque chose de juste dans tout cela. Mais Monsieur le rapporteur, oubliez-vous donc que « qui peut le plus peut le moins ». Si nos soldats dépensent trop vite leurs cartouches, cela tient plutôt à leur défaut d'ins ruction militaire et au manque de sang-froid de la part de leurs chefs, qui n'ont pas su les diriger, qu'à leurs fusils.

Si, en effet, nos administrateurs militaires s'étaient occupés du soldat en vue de la défense du pays et non en vue de quelques intérêts que nous ne voulons pas qualifier, ils lui auraient appris, entre beaucoup de choses à lui apprendre, à régler la vitesse de son tir suivant les circonstances.

Enfin, c'est votre avis : la vitesse du tir est nuisible. Pourquoi, alors, un peu plus loin, dans ce même rapport, lit-on que l'emploi de la capsule nuit à la rapidité de la charge et doit être une cause de rejet. Un peu de logique de grâce, et expliquez-vous catégoriquement sur ce que vous voulez dans une arme à feu. Si nous avions à défendre ce fusil et à lui faire de la réclame, nous vous dirions que, par une modification fort simple, la capsule peut-être supprimée.

Le rapport dit encore que l'évidement du bois nécessité par l'introduction de la cartouche dans le canon, nuit à la solidité de la crosse. Un fusil n'est pas une massue. Or, pour les fonctions que le bois a à remplir dans ce fusil en tant qu'arme à feu, il lui reste toute la solidité désirable pour résister aux chocs ordinaires les plus violents. L'on a acheté fort cher des fusils Remington sans leur faire cette objection. Dieu sait pourtant s'ils ne la justifient pas autrement que le fusil transformation Coster.

Les considérants qui précèdent mettent seulement en lumière la haute sagacité de notre comité de la guerre. Le suivant est plus instructif, il démontre avec quelle sollicitude et quelle minutieuse attention nos affaires sont conduites.

Ce fusil, continue le rapport, présente un danger sérieux en ce sens que, si le soldat oubliait d'abaisser l'étrier, la charge pourrait lui venir dans la figure. Les armes de tous genres sont, en effet, dangereuses à manier. Le fait est, disait malicieusement la *Mascarade* faisant allusion au judicieux rapport qui nous occupe, qu'un soldat qui, par distraction, prendrait son fusil par la baïonnette au lieu de le prendre par la crosse, pourrait bien s'embrocher lui-même.

Mais, cher comité de mon cœur, vous n'aviez donc pas vu la chose sur laquelle vous délibériez. La hauteur à laquelle il faut relever l'étrier, suffisamment pour introduire la cartouche dans le canon, le place dans une position telle qu'il présente un obstacle invincible à l'abaissement du chien.

Pour que le chien puisse frapper sur la capsule il faut, de toute rigueur, que le soldat n'ait pas *oublié d'abaisser l'étrier.*

Même, en dehors de cette garantie matérielle, supposez l'étrier non rabattu et dans la position que vous pourrez imaginer être la plus défavorable, il ne sera pas possible au soldat de viser sans s'apercevoir de l'oubli qu'il aura commis.

Vos scrupules et vos craintes auront donc de la peine à passer pour sincères.

Voilà un des rares rapports sur des engins de guerre dont le public ait eu connaissance.

Ab uno disce omnes.

Avouons qu'il nous édifie tristement sur la manière dont les soi-disant républicains qui se sont établis à l'Hôtel-de Ville soignent les deniers du pays, la défense de la patrie et la vie de nos soldats.

Aussi, Jacques Bonhomme n'est pas content. Il murmure et croit que, si des pots de vin bien adressés avaient été mis en œuvre, la France possé lerait à l'heure actuelle assez de très-bons fusils pour armer tout le pays. Et si tout le pays, campagnes et villes, était armé sérieusement, il est incontestable que la résistance pourrait espérer beaucoup.

Or, la transformation de nos deux millions de vieux fusils aurait à peine coûté ce que l'on a envoyé d'argent à l'étranger pour l'achat de deux cent mille fusils ne valant pas, tant s'en faut, nos fusils transformés, et dont la cartouche coûte une fois plus, au moins, que celle de ces derniers. Et cependant, c'est un homme envoyé par le gouvernement de Paris avec le titre de « vigoureux républicain » un homme spirituel et intelligent, dit-on, M Challemel Lacour, en un mot, qui avait, en ce moment, la haute main sur tous les comités civils et militaires.

A propos, où donc est-il M. Challemel-Lacour ? On en dit du mal tous bas.

Continuons, s'il vous plaît, de fouiller dans le panier aux renseignements. Nous y avons pu prendre un peu de tout, n'ayant en cela, que l'embarras du choix. Les actes que nous avons flétris peuvent, à toute rigueur, ne déceler qu'ignorance, orgueil, négligence ou ineptie, et bénéfi ier, par conséquent, de l'indulgence du public. Mais le suivant trouvera-t-il des excuses ?

Un fournisseur a livré, pour les soldats d'une légion

du Rhône, des bidons en zinc. Au contact du vin le zinc s'est décomposé et a produit de très-nombreux cas d'empoisonnement conjurés à la vérité, mais qui n'en ont, pas moins, fait éprouver à beaucoup de soldats des souffrances atroces : on dit même que quelques-uns en sont morts.

Que ne s'est-il trouvé, mêlée à nos administrateurs, pour en rendre l'assortiment plus complet, une ménagère quelconque, ou une vieille cantinière ; elle aurait appris à ces ignorants que le contact du zinc avec un acide détermine rapidement la formation d'un toxique dangereux, et que, par conséquent, cette bêtise (si ce n'est un crime) ne pouvait pas longtemps rester inconnue.

Tout en donnant à nos vérificateurs d'intendance une leçon de chimie domestique, elle eût épargné à nos pauvres soldats des souffrances peu faites, on l'avouera, pour provoquer chez ceux qui s'intéressent aux enfants de la nation, un profond attachement pour le gouvernement qui voit s'accomplir de pareilles choses.

Les bidons ont été repris par le fournisseur, bien qu'ayant servi.

Quelqu'un a dû payer la dépréciation. Il y a évidemment des coupables dans tout cela.

En effet, ou le fournisseur a reçu l'ordre de faire des bidons en zinc, et, dans ce cas, l'administration, qui les payait aussi cher que des bidons en fer, est placée sous le poids des soupçons les plus graves à divers points de vue.

Ou le fournisseur, pour gagner davantage, a livré des bidons en zinc alors qu'ils lui avaient été commandés en fer, et, dans ce cas, l'intendance les ayant laissé livrer aux soldats, a fait preuve d'ignorance. de désordre ou d'incapacité. Que l'on arrange les choses au mieux, on ne détruira pas ceci : c'est que des milliers d'hommes ont été voués à l'empoisonnement par le fait de la concussion, du gaspillage ou de l'incapacité.

Si un gouvernement doit avoir les coudées franches en ce qui touche au favoritisme et au népotisme, ce doit être, sans contredit, le gouvernement républicain. Pourquoi donc voyons-nous, dans les bureaux et dans les manutentions, des célibataires au-dessous de 40 ans, parfaitement valides, occuper des emplois dont les fonctions seraient aussi bien remplies par des gens qu'on a réformés sous des prétextes bien frivoles parfois?

En créant ces postes de faveur, l'administration s'est rendu fort équivoque la tâche de rechercher les réfractaires ; aussi n'at--elle pas brillé dans cette chasse, et le nombre de ces mauvais citoyens est-il considérable.

Passons au népotisme. Pourquoi le préfet de Marseille a-t-il fait venir des mobiles de Vaucluse pour le garder lui et sa famille? Pourquoi ces mobiles sont-ils armés de chassepots quand il en manque aux légions qu'on envoie devant l'ennemi? Assurément la famille de M. Gent nous est bien précieuse, mais le salut de nos soldats n'est-il rien?

Quelle preuve de savoir administratif, le frère du préfet de Marseille a-t-il donnée, dans le cours de sa vie, pour que celui-ci se soit empressé de lui faire obtenir une place de sous-préfet?

Ce nouveau fonctionnaire était fabricant de courroies à Avignon. Il jouit de la réputation d'un honnête homme, mais on s'accorde à lui refuser les qualités nécessaires à un sous-préfet. Après cela, dira-t-on, il y a peut-être des grâces d'état. M. Jourdain faisait bien de la prose sans le savoir, pourquoi M. Gent, fait sous-préfet par la grâce de son frère, le préfet, ne ferait-il pas de la bonne administration à son insu! Au fait, il aurait de la peine à faire de la plus mauvaise besogne que la plupart de ses collègues.

A Toulouse, le Préfet a fait plus joli. Ce préfet, M. Duportal, a un fils, gaillard de 22 ans, que la Patrie réclamait en lui offrant un fusil et l'occasion de gagner des grades.

C'est ordinairement ainsi que l'on procède, même vis-à-vis des fils de préfets. M. Duportal père, républicain austère et de vieille date, qui voit plus sainement que la Loi, a pensé que son fils rendrait de plus grands services à la France en le tant auprès de lui, et en palpant quelques six mille francs d'émoluments par année. C'est pourquoi il lui a trouvé une place d'inspecteur des arsenaux à Toulouse, ou quelque chose d'approchant. N'est-ce pas que c'est joli?

C'est égal, c'est un peu raide cependant, et de semblables scandales dont on pourrait, hélas! multiplier les exemples, en parcourant les départements, sont bien faits pour détourner les citoyens d'un gouvernement qui, à peine installé, agit avec le cynisme des gouvernements corrompus de l'arbitraire et du bon plaisir.

Heureusement, nous l'espérons du moins, le bon sens public saura flétrir ces actes et faire remonter les responsabilités à ceux à qui elles incombent.

Et maintenant, de tout ce qui précède, faut-il conclure que la République soit un mauvais gouvernement?

Certes, si l'auteur de ces lignes avait provoqué une semblable conclusion, il regretterait amèrement de les avoir écrites.

Il faut distinguer entre la République et les intrigants qui se sont placés, pour ainsi dire, eux-mêmes à la tête de toutes les administrations.

Le temps et l'expérience régulariseront tout cela en renvoyant chez eux, chargés du mépris de leurs concitoyens, les ambitieux vulgaires qui ont eu l'audace de s'imposer.

L'éducation politique est à faire en France. Les monarchies qui se sont succédé depuis 1789 ont tout fait pour que les citoyens ne s'occupent pas de la chose publique; c'est pourquoi le nombre des gens probes et capables de diriger les affaires est restreint, et le paraît plus encore qu'il ne l'est, cette classe d'hommes se tenant toujours à l'écart, non par manque de dévouement, mais par modestie.

Cherchons-les donc et, malgré eux, portons-les aux charges de l'Etat. C'est par là que nous conserverons la République, seul gouvernement capable de clore à jamais l'ere des révolutions si fréquentes dans notre pays.

C'est là l'unique forme de gouvernement qui ne blesse pas le sentiment de la dignité humaine. N'est ce pas une humiliation que d'être obligé de s'avouer que, par le seul fait de sa naissance, un homme est appelé à planer sur quarante millions d'autres individus qui valent autant que lui, et que ses descendants, qu'ils soient bons ou méchants, intelligents ou idiots, auront le même droit. Ah! cette seule raison, qui froisse notre orgueil d'hommes libres, devrait soulever l'indignation de chaque citoyen.

Suivant l'Ecriture sainte, Dieu a dit: « Dans ma co-« lère, je donnerai des rois aux peuples. » Si les rois sont un châtiment infligé aux peuples, c'est donc quelque chose de mauvais que leur institution. Et la preuve que les rois sont réellement une punition infligée aux hommes, c'est que, dans le passé le plus éloigné comme dans les temps les plus modernes, chaque fois qu'une République est tombée dans des abus amenés et conservés par le ramollissement de la fibre patriotique chez les citoyens, c'est une monarchie qui a pris la place du gouvernement de tous par tous. Lorsqu'un peuple se laisse aller à la corruption, lorsque ses mœurs deviennent dépravées, lorsque le culte des jouissances matérielles est devenu son unique préoccupation, toute vertu civique disparaît, et les libertés, qu'on n'a plus la force de défendre, sont bien près d'être ravies.

En effet, c'est dans ces moments de maladie des peuples que les monarques peuvent assouvir leur ambition.

Aussi, comme ils connaissent la cause de leur puissance relative, ils se gardent bien d'améliorer le peuple.

Ils l'éloignent des affaires publiques, s'efforcent à ne lui donner que le goût du luxe et des plaisirs afin de l'énerver dans la satisfaction des jouissances matérielles et la mollesse.

Si quelques écrivains font entendre une voix sévère et cherchent à rappeler, chez leurs concitoyens, le souci de leur dignité, leur voix est étouffée. La littérature légère, les pièces de théâtre, sans esprit, mais grotesques et libidineuses, sont seules protégées. Comme l'or est le nerf de ce système d'abrutissement, c'est le moyen d'en gagner qui devient l'objectif de l'éducation.

Louis-Philippe avait dit: « Enrichissez-vous. » Napoléon III n'a rien dit, mais il a tellement gorgé d'or toutes ses créatures, que l'exemple, parti du centre, a rayonné à la circonférence.

L'amour des jouissances du corps, que ne mitigeait

pas même le culte des plaisirs de l'esprit, nous a fai
perdre de vue tout sentiment de dignité et de liberté.

Le résultat, qui était inévitable, et dont notre génération va ressentir longtemps les terribles effets, sera-t-
il assez fort pour nous dégoûter des sauveurs de l'ordre,
de la famille et de la propriété? Comprendra-t-on enfin
qu'en affaires publiques, de même qu'en affaires pri-
vées, c'est en s'en occupant soi-même qu'on les fait le
mieux? Espérons-le, et, pour y arriver, soyons un peuple
de citoyens armés.

C'est l'unique moyen de conserver nos libertés.

Il serait superflu de développer cette opinion.

Ceux que la liberté offusque, c'e t-à-dire les souve-
rains, fournissent une preuve irrécusable que la garde
nationale les gêne dans leurs idées d'asservissement. En
effet, dès qu'ils se sentent à l'étroit dans les chartes ou
les constitutions qu'ils ont jurées, ils commencent par
licencier la garde nationale. Cette opération faite, le
reste vient tout seul.

En 1827, Charles X licencie la garde nationale et
étouffe ensuite jusqu'au mot de liberté. 1830, conséquence de eette réaction, et qui allait nous ramener la
République, mais à laquelle quelques hommes habiles
substituèrent la monarchie constitutionnelle, 1830 ré-
tablit la garde nationale. Louis-Philippe, qu'elle gênait
aussi, ne la licencia pas complétement, mais ce qu'il en
laissa subsister en fut à peine l'ombre.

Mil huit cent quarante-huit arriva, et, comme toujours, dès que brilla la liberté, la garde nationale
reparût.

Ce fut pour peu de temps.

Le traître, fondateur du second Empire, qui n'était
encore que président de la République, mais qui faisait
déjà le métier de sauveur de la société, eut soin de désar-
mer les citoyens après décembre 1851.

Depuis, les événements ont marché et nous jouissons
de leurs conséquences.

Avec la garde nationale fonctionnant d'une manière
sérieuse, le coup d'état était impossible. Or, pas de coup
d'état, pas d'Empire. Pas d'Empire et nos guerres coû-
teuses et sans profit de Crimée, d'Italie et d'ailleurs
n'avaient pas lieu. On n'avait pas à déplorer l'expédi-
tion impolitique et désastreuse du Mexique, et, enfin, la

France ne serait pas aujourd'hui dans la situation cruelle que chacun peut apprécier.

Serrons-donc nos rangs et sentons-nous les coudes.

Sans nous réunir trop souvent, ne négligeons pas d'être assidus aux exercices. L'on y apprend à se connaître et à compter réciproquement les uns sur les autres. Les caractéres et les aptitudes se manifestent et, au jour des élections, l'on n'est plus exposé à envoyer aux affaires publiques des personnalités nulles ou malhonnêtes.

Que chacun de nous fasse, de temps à autre, mais fidèlement, le sacrifice de quelques heures pour assister à toutes les réunions de la garde nationale.

Débarrassés de la guerre soit par une paix honorable, soit par une explosion unanime et terrib e de vengeance, nous n'aurons plus autant à nous occuper d'exercices militaires ; mais, précisément parce qu'ils deviendront rares, il est indispensable que personne n'y manque. L'apathie ou la négligence feraient tomber en désuétude cette institution qui est essentiellement démocratique. Or, la garde nationale annihilée, c'est le signal de notre asservissement.

Avis aux républicains.

Lyon, impr. A. Tournier,

www.ingramcontent.com/pod-product-compliance
Lightning Source LLC
Chambersburg PA
CBHW061656050726
47598CB00004B/1598